십자군 전쟁과 백 년 전쟁을 겪으며
유럽 사람들은 혼란스러운 시간을 보냈어.
긴 전쟁이 끝난 뒤에 유럽은
새로운 변화를 마주하게 되었단다.

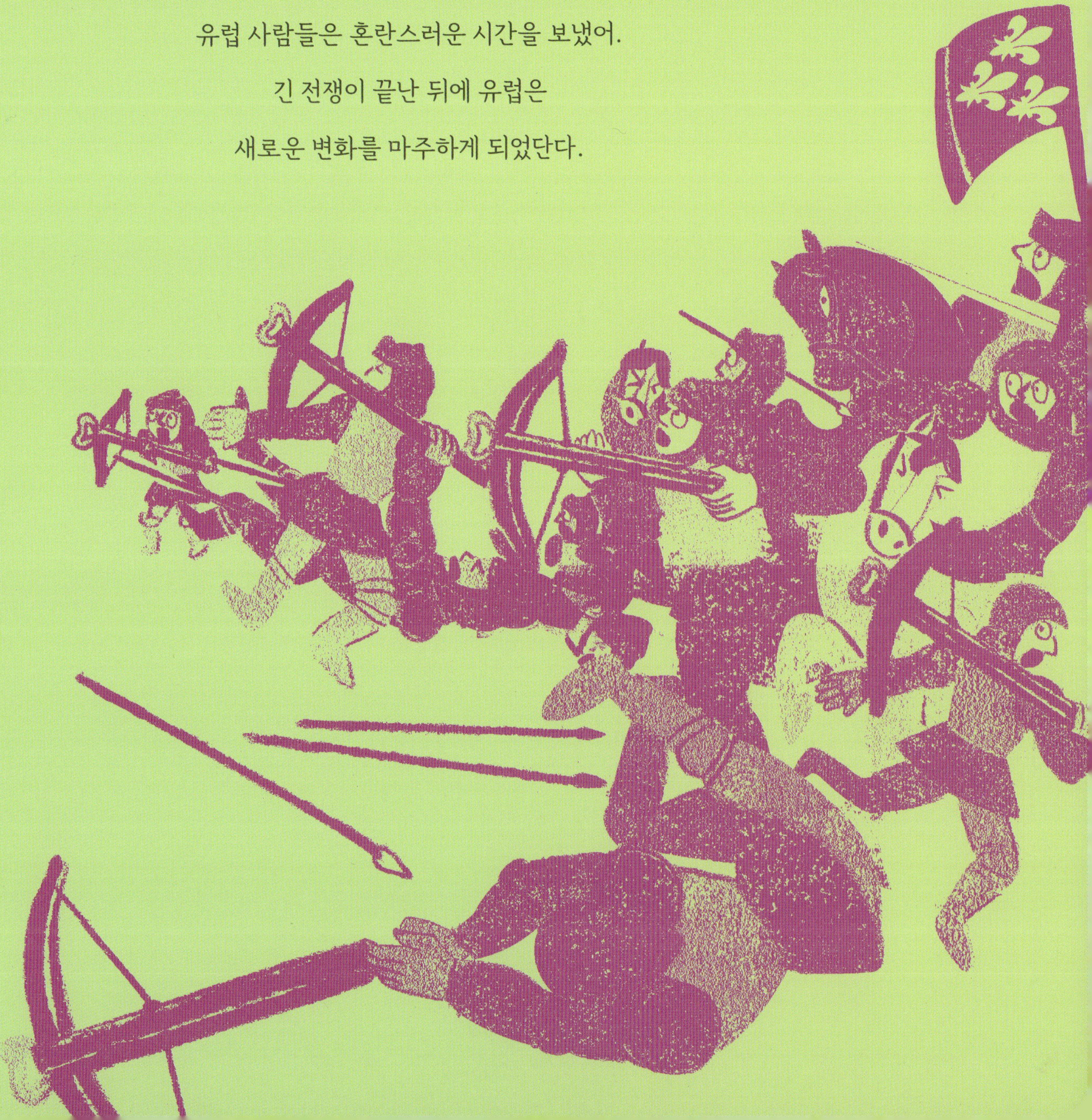

나의 첫 세계사 9

전쟁으로 혼란에 빠진 중세 유럽

박혜정 글 | 김은영 그림

휴먼어린이

알파벳을 쓸 수 있니?

영어 공부할 때 가장 먼저 배우는 A, B, C… 글자 말이야.

지금은 아주 많은 나라들이 영어를 사용하지.

영어는 영국이라는 나라에서 처음 쓰기 시작한 언어야.

영국 사람들이 이곳저곳으로 퍼져 나가면서

영어도 세계 곳곳으로 널리 퍼졌지.

영국은 유럽 대륙 끝에 있는 섬나라야.

그리고 영국 앞바다를 건너면 프랑스라는 나라가 있지.

영국은 섬에, 프랑스는 유럽 대륙에 각각 자리 잡고 있는 게

지금은 너무나 당연한 일이야. 하지만 그렇지 않을 때도 있었어.

프랑스의 귀족이 영국의 왕이 되거나

영국의 왕이 프랑스 땅 일부를 다스리던 때가 있었지.

오늘 우리는 그 무렵의 유럽으로 가 보자.

프랑스 바닷가에 '노르망디'라는 땅이 있어.
바이킹이라고 불리던 해적들이 프랑스를 자주 침략하자,
프랑스 왕이 이 땅을 바이킹에게 주었어.
당시 바이킹의 대장이었던 **롤로**가 노르망디를 다스렸지.
롤로는 프랑스의 귀족이 되어 프랑스 왕에게 충성을 바치기로 했어.

롤로의 후손으로, 노르망디를 다스리던 **윌리엄**이 바다 건너 영국을 정복해서 영국의 왕이 되었어.
'정복왕' 윌리엄은 프랑스의 귀족이면서 영국의 왕이었고, 윌리엄의 후손들은 영국의 왕이면서 프랑스의 귀족이기도 했어.
이렇게 영국과 프랑스가 복잡하게 얽혀 있던 때가 있었지.

영국과 프랑스에서 가장 힘이 센 사람은 당연히 왕이었을까?
아니, 그렇지 않았어. 귀족들도 자기가 다스리는 땅에서 왕처럼 굴었거든.
귀족들의 힘이 센 것은 영국과 프랑스뿐만이 아니었어.
프랑스 옆에 있는 독일이나 그 아래에 있는 이탈리아도 마찬가지였지.
왕이 있기는 했지만 힘센 귀족들이 곳곳에 많았어.

왕만큼 힘센 사람은 귀족들 말고도 또 있었어.
맙소사, 또 있다고? 그래, 그 사람은 바로 '교황'이야.
이때 서유럽 사람들은 주로 크리스트교를 믿고 있었고,
크리스트교의 최고 우두머리인 교황이 로마와 근처 땅을 다스리면서
서유럽 사람들의 지도자 역할을 하고 있었지.

그러던 어느 날, 로마의 교황에게 도움을 구하러 온 사람이 있었어.
이슬람의 공격을 받고 곤경에 빠진 비잔티움 제국의 황제였지.

"이슬람 세력 때문에 비잔티움 제국이 위태롭고,
크리스트교 사람들은 위협받고 있소.
이슬람을 무찌르고 그들의 손아귀로 넘어간
크리스트교의 땅을 되찾읍시다!"

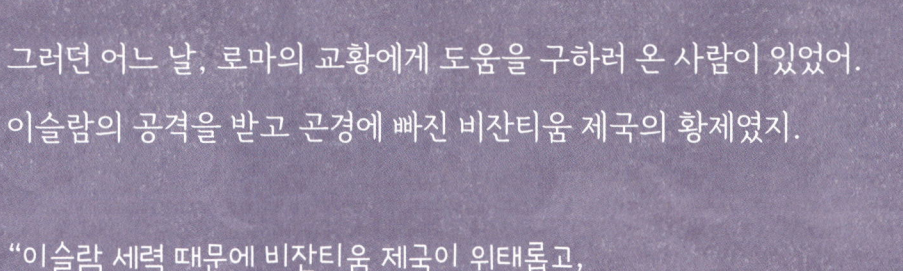

로마 교황은 비잔티움 황제의 부탁을 들어주기로 했어. 교황의 부름을 듣고 영국, 프랑스, 독일, 이탈리아 각 지역의 귀족과 기사, 농민들이 모여들었지. 그들은 가슴과 어깨에 십자가가 그려진 갑옷을 입고 있어서 '십자군'이라고 불렸어. 십자군은 이슬람과 싸우러 멀고도 먼 서아시아를 향해 떠났지. 이렇게 시작된 전쟁이 **십자군 전쟁**이야.

가자 가자, 위기에 빠진 비잔티움 제국을 구하러 가자.
가자 가자, 예루살렘을 되찾으러 가자.
예루살렘은 예수님이 묻힌 곳, 크리스트교의 성스러운 땅.
이슬람에 빼앗긴 우리들의 성지를 구하러 가자.
그곳에 크리스트교 왕국을 세우자.
그것이 하느님과 예수님의 뜻!

서아시아에 있는 예루살렘에 도착한 십자군은
이슬람 군대와 맞서 싸우고 승리를 거두었어.
십자군은 예루살렘을 차지하고 정말로 그곳에 크리스트교 왕국도 만들었지.
그럼 이대로 전쟁이 끝났을까?
아니! 이슬람 사람들은 그리 호락호락하지 않았어.

이슬람의 지도자 중에 **살라딘**이라는 사람이 있었어.
살라딘은 갈라져 있던 이슬람 지역을 통일했고,
십자군에게 빼앗겼던 예루살렘도 되찾았지.
예루살렘이 다시 이슬람에게 넘어갔다는 소식을 들은 유럽 사람들은
더 강력한 군대를 만들었어. 이번에는 여러 나라의 왕들까지 앞장섰지.

다시 십자군이 예루살렘을 되찾는가 싶었지만,
전쟁하러 가는 길에 독일 왕은 강에 빠져서 죽고 말았어. 맙소사!
프랑스 왕은 약속을 깨트리고 돌아가 버렸지. 어이쿠!
결국 영국 왕과 그를 따르는 군대만이 살라딘의 군대와 싸우게 되었어.
그 영국 왕은 '사자왕' **리처드**야. 리처드와 살라딘 사이에
여러 차례 전투가 벌어졌지만, 쉽게 결판이 나지 않았어.
결국 둘은 협상을 맺기로 했지. 이슬람이 예루살렘을 차지하는 대신,
크리스트교 사람들이 예루살렘에 자유롭게 드나들 수 있도록 한 거야.
그럼 이대로 전쟁이 끝났을까? 아니, 아직 끝나지 않았어.

십자군은 약 200년 동안 여덟 번에 걸쳐서 예루살렘을 향해 갔어.
돈이 필요했던 어떤 십자군은 크리스트교 도시를 공격하기도 했고,
소년들로 꾸려졌던 어떤 십자군은 노예로 팔려 가는 이상한 일들도 벌어졌지.
많은 사람이 죽거나 다치면서 서로에 대한 미움도 커졌어.
길고 길었던 전쟁 끝에 예루살렘을 차지한 쪽은 이슬람이야.
예루살렘을 되찾겠다는 십자군의 목표는 결국 이루어지지 않았지.

전쟁에 참여한 사람들의 마음도 점차 바뀌어 갔어.
"하느님의 뜻에 따라 성지를 되찾겠다!
이 전쟁에 참여하다가 죽으면 천국에 갈 수 있을 거야." 같은 마음 대신,
"새로운 땅을 차지하고 재산을 늘리겠다!
아시아의 물건을 사다가 유럽에 내다 팔면 돈을 벌 수 있을 거야." 같은 마음이
점점 더 커졌지. 맨 처음 십자군을 모으고 전쟁을 시작했던
교황의 뜻과는 전혀 다른 방향으로 흘러갔던 거야.

원래 서유럽에서 교황의 힘은 매우 셌어.
'교황은 해, 왕은 달'이라는 말이 있을 정도였지.
달보다 해가 훨씬 밝듯, 왕보다 교황이 훨씬 세다는 뜻이야.

하지만 십자군 전쟁이 실패로 끝나면서
십자군 전쟁을 이끌었던 교황의 힘이 약해졌어.
신을 섬기듯 교황을 따랐던 사람들의 마음도 예전 같지 않았어.
긴 전쟁을 치르며 귀족들과 기사들은 죽거나 다치거나 재산을 잃었지.
십자군 전쟁이 벌어지기 전과 그 이후의 유럽 사회는 크게 달라졌어.

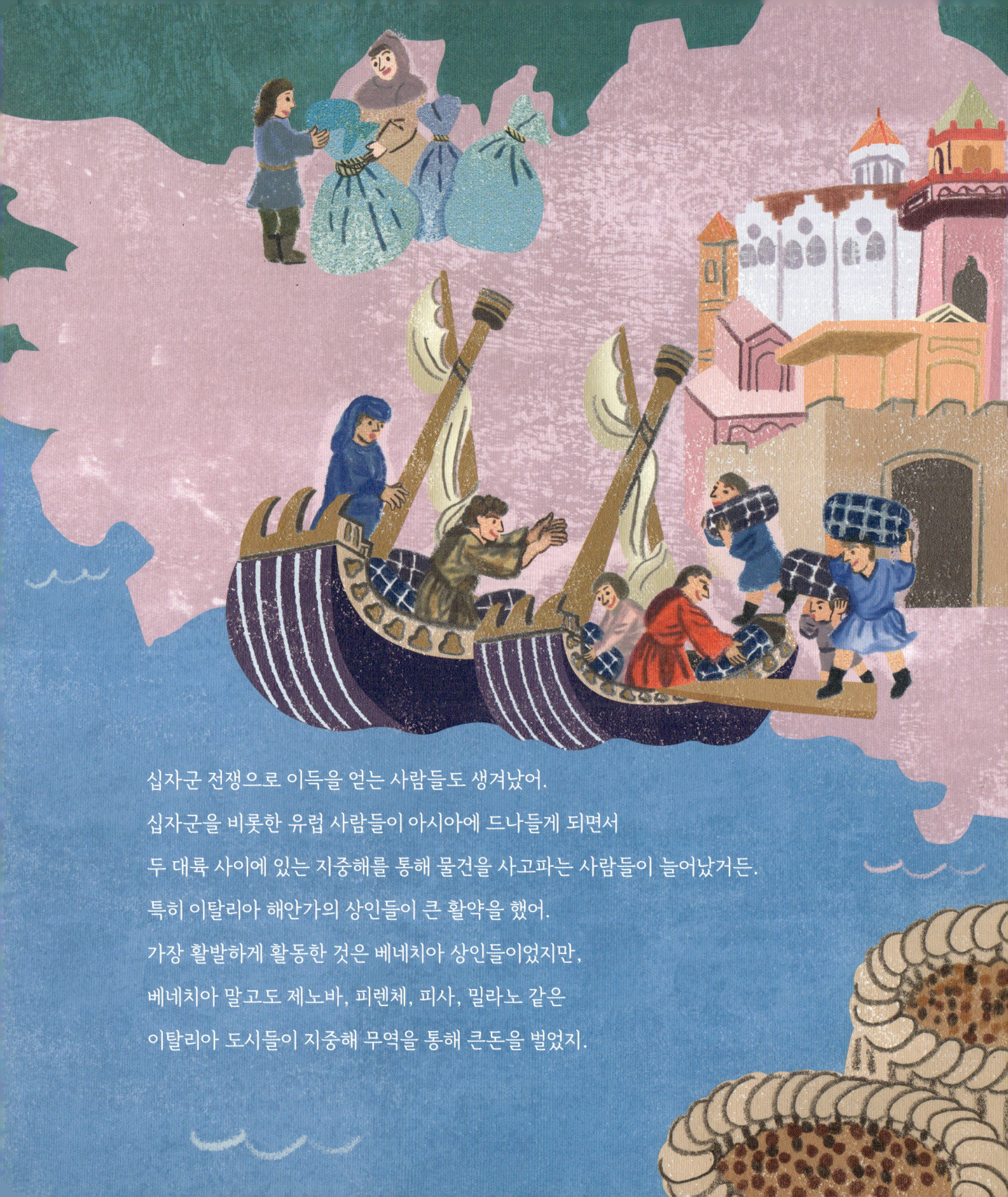

십자군 전쟁으로 이득을 얻는 사람들도 생겨났어.
십자군을 비롯한 유럽 사람들이 아시아에 드나들게 되면서
두 대륙 사이에 있는 지중해를 통해 물건을 사고파는 사람들이 늘어났거든.
특히 이탈리아 해안가의 상인들이 큰 활약을 했어.
가장 활발하게 활동한 것은 베네치아 상인들이었지만,
베네치아 말고도 제노바, 피렌체, 피사, 밀라노 같은
이탈리아 도시들이 지중해 무역을 통해 큰돈을 벌었지.

이탈리아 상인들은 아시아에서
여러 물건을 사들여 유럽 사람들에게 팔았어.
뭐니 뭐니 해도 가장 인기 있었던 상품은 향신료야.
음식의 맛을 내고 약으로도 쓰이는 향신료는 최고 인기 상품이었지.
향신료 말고도 옷감을 만드는 면화나 달콤한 맛이 나는 설탕을
커다란 배에 잔뜩 싣고 와서 여기저기에 내다 팔았어.

이런 상인들이 이탈리아에만 있었던 건 아니야.
유럽의 남쪽에 지중해가 있다면, 유럽의 북쪽에는 발트해가 있었어.
그 바다에도 상인들이 오고 가며 큰 도시들이 생겨났어.
유럽 남쪽의 이탈리아 도시들과 유럽 북쪽의 발트해 도시들을 잇는
그 사이사이에 크고 작은 시장이 열리고 또 여러 도시가 들어섰지.

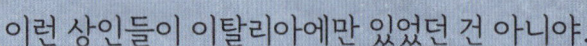

유럽 곳곳에 도시가 생기면서 물건을 사고파는 상인들과
물건을 만드는 기술자가 점차 늘어났어.
구두, 옷, 빵을 솜씨 좋게 만드는 사람들이나
목수, 화가, 대장장이 같은 전문적인 일을 하는 사람들이
저마다 똘똘 뭉쳐서 실력을 키우고 자신들의 권리를 주장했지.
이 무렵 도시에는 대학이 세워지면서 학문을 익힌 똑똑한 사람들도 늘어났어.
"도시의 공기가 자유를 만든다."며 도시에서 살고 싶어 하는 사람들이 많아졌지.

도시의 변화와 더불어 자신의 힘을 키워 나간 사람이 있었어.
바로 프랑스와 영국의 왕이야. 새롭게 만들어지는 도시를 보호하고,
그곳 사람들에게 세금을 걷으며 군대를 늘리고 힘을 키웠지.
십자군 전쟁 이후, 교황과 귀족들의 힘이 약해진 틈을 타서
왕들이 자신의 힘을 키웠던 거야.

그러다가 영국과 프랑스에 커다란 변화를 만드는 일이 또 하나 생겼어.
그 사건도 전쟁이야. 옛날 사람들은 정말이지 전쟁을 많이 벌였네.
십자군 전쟁이 200여 년 동안 계속된 일이라면
이 전쟁은 100여 년 동안 벌어진 일이야.
그래서 이름도 **백 년 전쟁**이지.

백 년 전쟁이 일어날 무렵,
프랑스 땅 이곳저곳에서 영국과 프랑스가 부딪치고 있었어.

이곳은 프랑스 지역에 있지만 영국 왕이 다스리던 곳이야.
포도주가 많이 생산되어 세금을 많이 거둘 수 있었지.
프랑스 왕은 이곳을 자기 땅으로 만들고 싶었어.

여기는 프랑스의 플랑드르 지방이야.
플랑드르는 영국에서 수입한 양털을 가지고
따뜻한 양모 옷감을 만드는 산업이 발달했어.
영국은 이곳에서 양털을 팔아 돈을 벌 수 있으니 좋았고,
플랑드르도 옷감을 만들어 팔면서 돈을 벌 수 있으니 좋았지.
그러니 플랑드르 사람들은 프랑스 왕보다 영국 왕의 눈치를 더 많이 보았어.
프랑스 왕은 그게 아주 못마땅했지.

그 무렵, 프랑스 왕이었던 샤를 4세가 죽고 말았어.
샤를 4세는 자식이 없었고, 그래서 왕위를 이을 사람이 없었지 뭐야.
영국의 왕이었던 에드워드 3세는,
"우리 어머니가 프랑스 왕의 누나이고,
나는 프랑스 왕의 조카이기도 하니까
왕위를 이어받을 자격이 있어."라며 프랑스 왕이 되려 했어.
하지만 프랑스의 귀족들은,
"아니, 영국 왕이 프랑스 왕까지 한다고?
그럴 수는 없지."라며 크게 반대했지.
그래서 에드워드 3세는 프랑스의 왕이 되지 못했어.

프랑스의 왕이 된 사람은 왕의 사촌이자 프랑스의 귀족이었던 필리프 6세야.
필리프 6세는 프랑스에서 영국 세력을 완전히 몰아내겠다고 선언하고,
영국이 다스리던 프랑스 땅을 모두 빼앗기로 했지.
그러자 화가 난 영국 왕이 프랑스로 군대를 보냈어.
이렇게 **백 년 전쟁**이 시작되었던 거야.

프랑스의 병사들은 튼튼한 갑옷을 입고 훌륭한 말을 타고 있었어.
병사들의 숫자도 영국보다 훨씬 많았지.
하지만 프랑스 병사들은 너무 제멋대로였어.
왕의 명령을 듣지 않고 좋은 작전을 짜지도 않았거든.

한편, 영국의 병사들에게는 '롱 보우'라는 기다랗고 성능 좋은 활이 있었어.
쇠로 된 갑옷도 뚫을 수 있는 무서운 활이었지.
영국군은 왕의 명령에 따라 질서 있게 움직이고 작전도 잘 짰어.
영국이 이기고, 이기고, 또 이겼지.
프랑스의 많은 땅이 영국에 넘어갔고,
전쟁은 이대로 영국의 승리로 끝나는 것처럼 보였어.

백 년 전쟁에서 영국이 이겼다면 유럽의 역사는 달라졌을까?
하지만 그런 일은 없었지.
흑사병이라고 하는 심각한 전염병이 유행해서
영국과 프랑스는 전쟁을 멈춰야 할 때도 있었어.
흑사병은 5년 동안 유럽을 휩쓸며 약 2000만 명의 목숨을 앗아 갔대.
유럽 사람들 세 명 중 한 명이 흑사병으로 죽었던 거야. 끔찍한 일이지!

'백 년 전쟁'이라고 100년 내내 전쟁만 한 것은 아니었어.
전쟁에 드는 돈을 세금으로 잔뜩 걷어 가자 불만을 품은
영국과 프랑스의 농민들이 큰 반란을 일으키기도 했지.
전쟁은 벌어지다 멈추기를 반복했어.
영국이 내내 이겨 나가는 것처럼 보였지만, 프랑스도 쉽게 물러나지는 않았어.

그때, 위기에 빠진 프랑스를 구할 특별한 사람이 등장했어.

그 사람은 바로 **잔 다르크**야.

열일곱 살의 잔 다르크는 "프랑스를 지키라."는 천사의 목소리를 들었대.

여자는 전쟁에 참여할 수 없는 시대였지만,

잔 다르크는 여러 사람들을 설득해서 전투에 나갔지.

잔 다르크를 못마땅해하던 사람들도

전투에서 늘 앞장서는 그의 용맹함을 보고 생각을 바꾸었어.

프랑스 병사들도 잔 다르크 덕분에 더욱 힘을 내서 싸울 수 있었지.

그러면서 영국에 빼앗겼던 땅을 조금씩 되찾아 나갔어.

하지만 잔 다르크를 질투한 어떤 귀족들이
잔 다르크를 잡아서 영국군에게 넘기는 일이 벌어졌어.
영국군은 잔 다르크를 마녀라고 몰아세우며 죽였지만,
잔 다르크 덕분에 힘을 모을 수 있었던 프랑스가 결국에는 승리했지.
영국 왕은 그동안 차지하고 있던 프랑스 땅의 대부분을 잃어버렸어.

백 년 전쟁을 거치는 동안 프랑스 사람들은
자신들이 프랑스라는 '국가'의 '국민'이라는 생각을 하게 되었어.
그전에는 나라보다 자신이 사는 마을이 더 중요했지.
나라를 다스리는 왕보다 마을을 다스리는 귀족을 더 중요하게 여겼던 거야.
하지만 이웃 나라와 기나긴 전쟁을 치르면서 자기 나라의 왕을 중심으로
힘을 똘똘 뭉칠 필요가 있다는 걸 깨달았어.
그건 영국도 마찬가지였지.

백 년 전쟁이 끝난 뒤,
영국에서는 왕의 자리를 두고 다시 한번 전쟁이 벌어졌어.
맙소사, 또 전쟁이라니!

이 전쟁을 겪으면서 귀족과 기사는 힘을 잃고,
영국의 왕이 더 큰 권력을 가지게 되었지.
새로운 세력으로 등장한 상인들이나 부유한 사람들도
왕에게 힘을 보태 주었어.

독일과 이탈리아의 상황은 영국, 프랑스와는 달랐어.
여기에는 아직 힘센 귀족들이 많았거든.
하지만 도시와 상업이 발달한 독일과 이탈리아에서는
또 다른 변화가 싹트고 있었어.
예술과 과학 기술이 발달하고,
지금껏 '신'보다 덜 중요하게 여겨졌던
'인간'에 대한 관심이 높아졌지.

이슬람의 지배를 받던 에스파냐, 포르투갈 같은 나라도 있었어.
유럽 대륙의 서쪽 끝에 있던 이 나라들은 이슬람 세력을 몰아낸 뒤,
지중해가 아닌 더 넓은 바다로 눈을 돌렸지.
대서양이라는 바다였어. 이 바다를 통해 유럽 사람들은
지금껏 상상하지 못한 곳으로 가게 될 거야.
정말이지 새로운 시대가 다가오고 있었어.

나의 첫 역사 여행

예루살렘을 되찾기 위해 떠난 원정대, 십자군

예루살렘

서아시아에 있는 예루살렘은 오늘날 이스라엘의 수도야.
예수가 죽었다가 다시 살아난 곳이 예루살렘이라서
크리스트교도들이 중요하게 생각하는 성지이기도 해.
십자가에 못 박혀 죽은 예수가 다시 살아난 것을 축하하는
부활절은 크리스트교의 중요한 기념일이란다.
그런데 예루살렘은 이슬람 사람들에게도 매우 중요한 곳이야.
이슬람교도들은 이슬람교를 창시한 무함마드가 천사에게 이끌려
하늘로 올라간 적이 있다고 믿는데, 그곳이 예루살렘과 관련이 있거든.
무함마드의 승천일도 이슬람교도들에게 중요한 기념일이지.

| 예수가 묻힌 곳에 세워진 성묘 교회 | 무함마드가 승천한 바위의 돔 |

베네치아

베네치아 산마르코 대성당의 청동 말

예루살렘을 두고 크리스트교와 이슬람교 사이에 벌어진 전쟁이
십자군 전쟁이라는 건 알고 있지?
십자군 전쟁은 1095년에서 1291년까지 200년 가까이 치러졌어.
전쟁 초기의 십자군들은 성지를 되찾겠다는 마음이 더 중요했지만,
시간이 지날수록 다른 마음을 품는 십자군이 늘어났지.
특히 4차 십자군은 베네치아 상인들의 지원을 받으며
비잔티움 제국의 수도인 콘스탄티노플을 침략했어.
도시가 불타는 사이에 십자군은 돈이 될 만한 것들을 잔뜩 훔쳐 갔대.
이탈리아 베네치아의 산마르코 대성당에 있는 청동으로 만든 말 동상도
4차 십자군이 콘스탄티노플에서 약탈해 갔던 것들 중 하나야.

아크레

이스라엘 북서쪽의 도시 아크레는 지중해와 맞닿아 있어.
기원전 3세기 페니키아 시대부터 항구 도시로 번영했던 곳이야.
십자군 전쟁이 벌어지던 당시에는
십자군이 세운 왕국의 수도가 되기도 했어.
그 후에는 예루살렘을 향해 떠나는 성지 순례자들이
드나드는 중요한 출입구가 되어 주었지.
아크레는 십자군 왕국의 도시 구조를 엿볼 수 있는 곳으로,
도시 전체가 세계 문화유산으로 지정되었어.

십자군의 유적이 남아 있는 아크레

나의 첫 역사 클릭!

영국과 프랑스의 기나긴 싸움, 백 년 전쟁

백 년 전쟁은 1337년에 시작해서 1453년에 끝이 났어.
100년이 넘는 시간 동안 영국과 프랑스 땅 곳곳에서 많은 전투가 벌어졌지.
1346년에 벌어진 '크레시 전투'는 백 년 전쟁에서 가장 중요한 전투로 손꼽혀.
영국 왕이 군대를 이끌고 프랑스의 크레시를 쳐들어가면서 시작된 전투였지.
프랑스 병사의 수가 훨씬 더 많았지만, 잘 훈련된 영국 병사들이 큰 승리를 거두었어.
영국군은 '롱 보우'라고 하는 기다란 활로 프랑스의 기사단을 꼼짝 못 하게 만들었지.
영국군이 쏜 화살은 프랑스 기사들의 갑옷을 뚫고, 그들이 타고 있던 말까지 공격했어.
크레시 전투를 계기로, 말을 타고 기세등등하게 전쟁터를 누비던 기사들의 힘이 약해졌대.

백 년 전쟁 때 벌어진 크레시 전투를 묘사한 그림

전쟁이 길어지면서 점점 더 많은 돈이 필요해졌어.
더군다나 유럽을 휩쓴 무시무시한 흑사병으로 많은 사람들이 죽어 나가면서
살아남은 사람들이 내야 할 세금의 양이 더 늘어났지.
귀족들이 제멋대로 굴면서 농민들을 함부로 대하는 것도 문제였어.
결국 견디다 못한 영국의 농민들이 1381년에 와트 타일러를 중심으로 반란을 일으켰지.
수만 명의 농민들이 모여서 반란군을 이루고, 국왕이 있는 런던으로 향했어.
농민 반란군은 정말로 왕과 만나서 이야기를 나누기도 했어.
농민들을 이끌던 지도자들이 처형당하면서 반란은 결국 끝이 났지만,
'와트 타일러의 난'은 영국 농민들의 지위가 올라가는 데 중요한 역할을 했던 사건이야.

| 배 위에 서 있는 왕과 협상을 벌이는 농민 반란군 | 프랑스 파리의 피라미드 광장에 있는 잔 다르크 동상 |

1429년에 일어난 '오를레앙 전투'는 잔 다르크가 활약했던 전투야.
내내 지기만 하던 프랑스가 불리한 상황을 뒤집은 전투이기도 하지.
특히 이 무렵부터 프랑스는 대포를 전투에 이용하게 되면서 영국보다 유리해졌어.
그 뒤에 벌어진 중요한 전투들에서도 프랑스가 이기면서 영국을 물리쳤지.
이때부터 유럽은 대포와 총이 전쟁터의 중요한 무기로 쓰이는 시대로 넘어가게 돼.

글 박혜정

성균관대학교 역사교육과에서 공부했습니다. 중학교에서 역사를 가르치며 학생들과 세계사의 재미를 나누고 있습니다. 두 아이의 엄마로, 아이를 무릎에 앉혀 놓고 그림책을 읽어 주던 때가 인생에서 빛나던 시절 중 하나라 여기고 있습니다.

그림 김은영

대학에서 시각디자인을 전공한 뒤, 일러스트레이션 교육기관 '꼭두'에서 그림책을 공부했습니다. 2012년 볼로냐 국제 어린이 도서전에서 '올해의 일러스트레이터'로 선정되었습니다. 쓰고 그린 책으로 《보이니?》가 있습니다.

나의 첫 세계사 9 — 전쟁으로 혼란에 빠진 중세 유럽

1판 1쇄 발행일 2023년 3월 27일

글 박혜정 | **그림** 김은영 | **발행인** 김학원 | **편집** 박현혜 | **디자인** 박인규
저자·독자 서비스 humanist@humanistbooks.com | **용지** 화인페이퍼 | **인쇄** 삼조인쇄 | **제본** 영신사
발행처 휴먼어린이 | **출판등록** 제313-2006-000161호(2006년 7월 31일) | **주소** (03991) 서울시 마포구 동교로23길 76(연남동)
전화 02-335-4422 | **팩스** 02-334-3427 | **홈페이지** www.humanistbooks.com
사진 출처 산마르코 대성당의 청동 말 ⓒ Tteske / Wikimedia Commons / CC BY-SA 3.0

글 ⓒ 박혜정, 2023   그림 ⓒ 김은영, 2023
ISBN 978-89-6591-499-0 74900
ISBN 978-89-6591-460-0 74900(세트)

- 이 책은 저작권법에 따라 보호받는 저작물이므로 무단 전재와 무단 복제를 금합니다.
- 이 책의 전부 또는 일부를 이용하려면 반드시 저작권자와 휴먼어린이 출판사의 동의를 받아야 합니다.
- **사용연령 6세 이상** 종이에 베이거나 긁히지 않도록 조심하세요. 책 모서리가 날카로우니 던지거나 떨어뜨리지 마세요.